AF265707

PARIS ASSIÉGÉ

PRÉCIS HISTORIQUE DES SIÉGES QUE CETTE VILLE A SOUTENUS

DEPUIS CÉSAR JUSQU'A GUILLAUME, ROI DE PRUSSE

PAR MARTIN-REY, ANCIEN REPRÉSENTANT

Entre la première et la dernière ligne d'un écrit, si mince qu'il soit, la guerre ouvre des intervalles qui sembleraient longs d'un siècle en temps de paix. Depuis que notre modeste résumé se disposait à paraître en public, Paris, le phare lumineux qui projetait au delà de l'Alsace et de la Lorraine des rayons d'espérance, de victoire et de liberté, le *phare de bon secours* s'est éteint; mais la nuit subite qui s'est faite à nos yeux ne nous effraye point : la France n'a pas encore fait naufrage !

Supprimer un mot de ce qui était imprimé ici depuis quinze jours serait un acte de faiblesse un véritable déjugé personnel. Nous n'y changerons rien :

« Au moment où Paris érige en un vrai titre de gloire nouvelle, aux yeux des « nations stupéfaites, la résistance armée dont on le croyait incapable, il est plus « que jamais opportun de rappeler à la mémoire du peuple les différents siéges que « cette capitale a dû soutenir avant l'épreuve actuelle.

« Nous l'essayons moins pour satisfaire une curiosité hors de saison que pour « faire revivre les glorieuses traditions militaires de la France sous tous les régimes « antérieurs. L'exemple des aïeux est un stimulant magique pour le plus inerte de « leurs descendants; on aurait tort de le méconnaître.

« Les Parisiens de 1871 possèdent en propre assez de valeur pour dégager Paris « et du même coup sauver la France; ces hommes efféminés, tels qu'on les sup- « posait, loin d'avoir dégénéré de leurs prédécesseurs, ont déjà prouvé que les

« Prussiens sont plus vulnérables que les pirates normands, dont Charlemagne
« lui-même avait peur.

« Il sortira des murs de Paris assiégé des bataillons vengeurs, résolus à expulser
« l'ennemi en traçant le chemin de la victoire aux intrépides soldats qui, des points
« extrêmes du pays, se dévouent à l'œuvre de la délivrance nationale.

« L'histoire de Paris assiégé s'adresse donc à tous ceux qui travaillent à briser
« le cercle de fer et de feu dont l'Allemagne enserre Paris depuis six mois, pour
« isoler de ses membres le cœur de la nationalité française. »

La capitulation du 28 janvier modifierait-elle nos premières convictions? Non,
mille fois non!... Paris tombé se relève de toute sa hauteur dans l'estime et l'admi-
ration des peuples.

On peut le dire aujourd'hui sans être suspect de flatterie : « Paris est plus grand
qu'il ne l'a jamais été dans ses jours de splendeur. » La gloire acquise aux Parisiens
vaincus éclipse les exploits de leurs prédécesseurs victorieux.

Le sang généreux de la France circule encore avec une puissance vitale de bon
augure, il refluera des extrémités au centre épuisé; l'interversion des rôles ne
change rien aux destinées de notre cher pays.

Paris expirant d'inanition nous a rendu le dernier service qui fût en son pouvoir; il nous a légué un exemple sublime. A nous de le suivre!...

Paris a été assiégé:

> Par Labiénus, lieutenant de Jules César;
> Par les Francs sous Childéric;
> Par les Normands ou pirates du Nord;
> Par l'empereur d'Allemagne Othon II;
> Par le roi Charles VII contre les Anglais;
> Par Henri III contre les Ligueurs;
> Par Henri IV à la suite de Henri III;
> Par les puissances alliées en 1814.

Siége de Paris par les Romains.

Paris à eu des destinées si extraordinaires qu'il est impossible d'admettre les origines singulières qu'on lui attribue.

L'antique *Lutetia Parisiorum*, la Lutèce des *Gaulois Parisii*, n'a point dû son importance à sa situation dans une île de la Seine, de médiocre étendue et peu susceptible d'une défense prolongée.

Il est à croire que *Lutetia*, aujourd'hui Paris, se trouvait bâtie sur un territoire consacré par une prophétie dans le dogme druidique, un de ces points qu'il importait d'occuper comme gage de vénération, et dont Jules César sut bientôt s'emparer quand il eut résolu la conquête générale des Gaules.

On imaginerait donc à tort que ce fut de tout temps une citadelle nationale; bien que l'île parisienne eût une certaine utilité stratégique pour l'envahisseur romain, elle n'offrait alors qu'un ramassis de chétives masures couvertes de chaume, protégé par des collines, des bois et des marais. On y pénétrait par deux ponts, qui s'appelaient naguère le Petit-Pont et le Pont-au-Change.

César, après s'en être rendu maître, fit entourer l'île parisienne d'une muraille qui la transforma en une vraie forteresse. et la population dut se rejeter dans les faubourgs, sur les deux rives de la Seine, par insuffisance d'espace à l'intérieur. Telle est l'opinion d'Adrien de Valois.

Ce fut environ cinquante ans avant l'ère chrétienne que César prit possession de *Lutèce* ou Paris; il y transféra le Covenant ou congrès général des peuplades gauloises, qui s'assemblait de temps immémorial dans les forêts du pays chartrain. *La Cité*, fortifiée par César, tenait en respect les Senonais, ardents adversaires des Romains. Le conquérant ayant été subitement rappelé en Italie, une révolte générale suivit son départ, et les Parisiens profitèrent de l'occasion pour recouvrer leur indépendance; mais César revint en toute hâte, et, pendant qu'il assiégeait Vercingétorix dans Gergovia, au centre des Gaules, il envoya Labiénus, son lieutenant, dans le Nord, avec mission de réduire à l'obéissance les insurgés parisiens, qui s'étaient donné pour chef un vieux Gaulois nommé *Camulogène*, homme vénéré pour son courage et son expérience militaire.

Labiénus, parti de Sens avec quatre légions (environ 24,000 hommes), se trouva mis en présence des fédérés, alliés des Parisiens, massés en grand nombre à l'entrée des marais qui protégeaient la Cité.

Labiénus attaqua les Gaulois dans les bas-fonds où les eaux de la Bièvre s'épanchent dans la Seine, sur la rive gauche du fleuve. Camulogène l'y attendait et le contraignit à la retraite dès la première rencontre.

Le lieutenant de César, changeant son système de bataille, remonta jusqu'à Melun, y saisit cinquante grands bateaux qui s'y trouvaient amarrés, et revint camper au nord de la Cité avec toute son armée. Les Gaulois mirent le feu à la ville, brisèrent les ponts, et se postèrent sur la rive opposée à celle qu'occupait le camp des Romains.

La coalition des peuples gaulois était numériquement bien supérieure à l'armée de Labiénus. Celui-ci n'avait plus d'autre ressource que de se replier sur Sens, mais l'opération était difficile et dangereuse. Il usa d'un stratagème uniquement destiné à favoriser sa retraite, et qui, par un coup de fortune inespéré, remit Paris au pouvoir de Jules César.

Il distribua les bateaux amenés de Melun aux officiers romains, avec ordre de se laisser dériver au courant de la Seine, silencieusement pendant la nuit, et de l'attendre sur la rive gauche, dans l'endroit qui s'appelle aujourd'hui *Grenelle*.

C'est au moulin dit *de Javelle* qu'il se proposait de passer la Seine pour se replier sur la ville de Sens.

Il laissa sur la rive droite, à la garde de son camp, une demi-légion; l'autre moitié fut employée à remonter la Seine sur des nacelles chargées de bagages. Cette manœuvre, exécutée à grand bruit, avait pour but de persuader aux Gaulois que les Romains fugitifs reprenaient en masse le chemin de Melun. Quand l'erreur devint manifeste, Labiénus avait déjà passé la Seine, et offrait le combat, sur la rive gauche, aux Gaulois déconcertés et divisés. Les Parisiens se défendirent vaillamment; mais leur aile gauche, commandée par le vieux Camulogène, ayant été anéantie sans reculer, le gros de l'armée gauloise chercha son salut derrière les bois et les marais. La cité parisienne, *Lutèce*, retomba au pouvoir de César, qui la fit, dit-on, rebâtir, ceindre de murailles et flanquer de tours, avec deux châteaux-forts aux extrémités des deux ponts : le GRAND et le PETIT CHATELET.

Siége de Paris par les Francs.

Ce fut vers 470 de Jésus-Christ, après un blocus de cinq années, que Paris échappa pour toujours au pouvoir expirant des Romains, et passa sous la domination du fils de Mérovée, Childéric, roi des Francs.

Il ne peut être question de retracer ici le tableau de l'invasion germanique dans les Gaules. La ligue des Francs s'avançait progressivement du Rhin à la Moselle jusqu'à la Loire ; elle occupait les terres plutôt qu'elle ne les possédait, et combattait souvent pour les Romains quand il s'agissait de repousser un envahisseur réputé l'ennemi commun.

C'est ainsi que les Francs furent les plus puissants auxiliaires de l'empire, lorsqu'Attila, dit *le Fléau de Dieu*, se précipita sur les Gaules à la tête de 500,000 hommes.

En ce temps-là vivait près de Paris une jeune vierge que l'Eglise a déclarée sainte et que l'histoire a immortalisée. Geneviève habitait Nanterre, où saint Germain lui avait prédit, en 429, les plus hautes destinées. Cette modeste et merveilleuse fille des champs, qui a frayé les voies à Jeanne d'Arc, fut comme celle-ci accusée de magie, et faillit être mise à mort lorsqu'elle exhorta les Parisiens à ne pas s'inquiéter du farouche Attila, la terreur de l'Occident.

Le roi des Huns, qui marchait sur Paris, se ravisa subitement, et tourna vers Orléans, qu'il assiégea en pure perte. On sait comment il vint échouer dans les plaines de Châlons-sur-Marne, vaincu par le patrice Aétius soutenu des Goths et des Francs.

A peine délivré d'Attila, Paris eut à se défendre contre les Francs, ces prétendus auxiliaires des Romains, qui déjà avaient franchi la Loire et occupaient la vallée de la Seine.

Sainte Geneviève fit des miracles de dévouement pour secourir les Parisiens affamés ; elle réussit plusieurs fois à sauver Paris des horreurs d'une disette sans précédents ; elle alla à Arcis-sur-Aube, à Troyes, d'où elle ramena un jour, malgré la tempête et les fureurs de l'ennemi, onze bateaux chargés de blé.

Ces secours furent malheureusement insuffisants ou inutiles. Childéric fit la conquête de Paris, qui fut dès lors la perle du nouveau royaume des Francs.

Siéges de Paris par les Normands.

I

L'antique Lutèce, prédestinée à devenir la capitale du premier peuple du monde, reçut des rois mérovingiens des développements qui lui donnaient une importance toute nouvelle. Les abbayes de Saint-Vincent (Saint-Germain des Prés), de Saint-Germain l'Auxerrois, de Sainte-Geneviève et de Saint-Laurent formaient autour de Paris un groupe constitué sous la protection d'une cité évidemment puissante ; car les fondations religieuses ne pouvaient grandir et prospérer qu'à l'abri des coups de main si fréquents au moyen âge.

La dynastie des rois carlovingiens, perpétuellement occupée de partages généraux, n'attribuait à la possession particulière de Paris qu'un intérêt secondaire. Le prôtectorat de la ville sur les couvents d'alentour devint presque fictif, et, malgré leur vigilance, les monastères de la banlieue parisienne durent plusieurs fois subir les insultes et les ravages des brigands qui ont infesté le nord de la France au IXᵉ siècle.

Les peuples contenus par le bras puissant de Charlemagne se soulevèrent après sa mort. De nouveaux conquérants apparaissaient sur la scène historique ; ils venaient du Danemark, de la Suède et de la Norwége. On les appela *North-mann*, hommes du Nord, NORMANDS.

Ce fut en 800 que ces pirates parurent pour la première fois sur la côte de France. Charlemagne devina quel triste avenir ils réservaient à ses successeurs.

On dit qu'il versa des larmes.

En 820, les Normands furent chassés des embouchures de la Seine ; en 841, ils remontèrent le fleuve et portèrent très-avant leurs ravages ; en 845, embarqués sur cent vingt bateaux, ils revinrent à la charge. Le 28 mars, veille de Pâques, Ragner ou Renier, leur chef, pénétra jusqu'à Paris sans résistance. Les monastères étaient évacués ; l'abbaye de Saint-Germain fut pillée ; les habitants, réfugiés dans la Cité, durent la vie à leurs remparts. Charles le Chauve obtint le départ des envahisseurs au prix de 7,000 marcs d'argent.

Alléchés par le gain de cette honteuse rançon, les Normands reparurent sous Paris le 28 décembre 857. Depuis leur excursion de 845, ils avaient dévasté tout à leur aise la vallée de la Seine. On les avait vus revenir à la curée en 851, en 852, en 855 et enfin en 856. Ils mirent le feu à toutes les églises de Paris qui ne furent pas assez riches pour se racheter.

Le 6 avril 861, troisième visite de ces mêmes Normands. — Ils forcèrent l'entrée de l'église de Saint-Germain des Prés pendant que les derniers moines, résignés, y chantaient matines ; les autres religieux s'étaient enfuis, emportant les reliques de saint Germain.

Jusque là il n'y avait eu de la part des Normands que des irruptions dans le territoire de Paris. Le 25 novembre 885 commença le premier siége en règle. La horde assiégeante se composait de 30 ou 40,000 hommes recrutés dans toutes les provinces précédemment envahies et occupées par ces hommes du Nord dans un rayon de vingt lieues autour de Paris: quatre chefs ou rois la commandaient. Sept cents grandes barques et d'innombrables nacelles remplies de pirates couvraient la Seine sur une surface de plus de deux lieues en aval de la Cité.

Le 26, Sigfried, l'un des chefs ou rois normands, investi du commandement supérieur du siége, fit demander au comte Eudes de Paris et à l'évêque Gozlin le libre transit du fleuve, avec promesse de s'abstenir de tout acte agressif. L'évêque et le comte répondirent qu'ils tenaient la ville pour l'empereur, roi des Francs, et qu'ils sauraient la lui conserver envers et contre tous.

Premier assaut. — Le 27 novembre, au point du jour, les Normands commencèrent l'attaque de la tour du Grand-Pont, du côté de Saint-Germain l'Auxerrois. L'évêque Gozlin y était renfermé avec le comte de Paris, avec le comte Robert, frère de celui-ci, avec l'abbé Eble, son neveu, et l'élite des combattants du parti de France. La lutte fut acharnée et Gozlin blessé ; les Normands battirent en retraite, et pendant la nuit les Parisiens trouvèrent le temps et les moyens de réparer les brèches sérieuses faites à la grosse tour.

Deuxième assaut. — Le 28 novembre, les Normands revinrent à la charge sans plus de succès. La tour avait été exhaussée d'un étage. Les défenseurs de Paris versaient sur les assaillants des torrents de poix et d'huile bouillante. Le comte Eudes et l'abbé Eble payèrent de leur personne comme de simples hommes d'armes, particulièrement l'abbé, qui fit preuve d'une adresse surprenante à tirer de l'arc. La nouvelle brèche fut impraticable, et les Normands se retirèrent pour la deuxième fois avec une perte de 300 hommes.

Le 29, Sigfried se retrancha dans l'église de Saint-Germain l'Auxerrois et fit le ravage aux alentours. Il n'épargna ni femmes, ni vieillards, ni enfants ; la rive droite de la Seine devint un théâtre de carnage, de vol et d'incendie.

Troisième assaut. — Le 28 janvier 886, les Normands firent fonctionner une machine de bois en forme de tour à trois étages, qui se mouvait sur seize roues et portait soixante hommes avec trois béliers, un à chaque étage.

Cet engin formidable semblait de nature à anéantir la grosse tour de Paris ; il n'en fut rien, les Parisiens ayant abattu d'un seul coup de trait les deux ingénieurs capables de tirer parti d'un appareil plus menaçant que dangereux. Il fut mis au rebut comme inutile.

Quatrième assaut. — Le 29 janvier, une nouvelle attaque plus furieuse que les précédentes fut dirigée contre la tour et le pont de la Cité. Les Normands s'étaient divisés en trois corps, dont le principal combattait à couvert sous des carapaces de peaux de bœufs fraîchement tués pour se garantir des aspersions de matières bouillantes. Des projectiles de toute nature, pierres, balles, flèches, jonchaient la ville. On sonnait le tocsin dans les églises. La grosse tour ébréchée menaçait de s'écrouler, mais les comtes Eudes et Robert, l'évêque Gozlin et l'abbé Eble parvinrent encore, à force de vigueur et de courage, à faire rétrograder l'ennemi désappointé.

Le 30 janvier, les Normands, toujours à l'abri de leurs boucliers de cuir, entreprirent de combler les fossés de la tour ; terre, fascines, pierres, animaux égorgés, cadavres de Français, prisonniers vivants, tout fut précipité par eux dans le gouffre, mais sans succès. L'évêque Gozlin, outré de désespoir, lança une flèche qui atteignit le chef du bataillon d'assaut et l'envoya avec tant d'autres dans le fossé qu'il espérait remplir aux dépens des Français.

Cinquième assaut. — Le 31 janvier, la tour de Paris fut battue de trois côtés à coups de

bélier. Les assiégés ripostèrent par d'autres engins de même nature qui écrasaient les assiégeants. Les Normands exaspérés entreprirent alors de mettre le feu au pont et à la tour au
moyen de brûlots. Trois grands bateaux chargés de branchages enflammés furent traînés
sous les arches, mais ils vinrent échouer contre les culées des ponts et furent éteints par les
Parisiens.

Le 1er février, Sigfried découragé ordonna un mouvement de retraite, et les pirates normands firent le dégât aux alentours pour se ravitailler. Ils tentèrent le pillage de Saint-Germain des Prés, mais ils eurent affaire aux Parisiens de la rive gauche et demeurèrent en grand
nombre prisonniers.

Le 6 février, une crue subite de la Seine mit en péril les vaillants défenseurs de Paris. Le
pont fut en partie renversé par les eaux du côté de Saint-Germain, et la grande tour, isolée
de tout secours du côté de Paris, semblait devoir tomber inévitablement au pouvoir des Normands.

SIXIÈME ASSAUT. — Le 7 février, les Normands, usant des avantages que leur procurait le
mauvais temps, investirent la tour dès le matin. Il s'y trouvait douze hommes d'armes choi-
sis par l'évêque Gozlin parmi les plus braves de la Cité. Incapables de les réduire, les Normands imaginèrent de les brûler et allumèrent un grand feu au pied de la tour. Réfugiés sur
un pan de mur, sommés de se rendre à honorable composition, les douze défenseurs de Paris
mirent bas les armes; et pendant qu'Ervé, l'un d'eux, allait à la ville chercher la rançon con-
venue, ses onze compagnons d'armes furent décapités par les brigands. Ervé voulut partager
le sort de ses amis; il revint, fut exécuté sans pitié le lendemain, et son corps précipité dans
la Seine.

La chute du pont entraîné par les grosses eaux, l'incendie de la tour, étaient un indice
de la fin prochaine du siége. Tout au contraire, les Parisiens aux abois redoublèrent de courage, et par de nombreuses sorties parvinrent à désemparer l'ennemi.

L'abbé Eble eut l'audace d'attaquer le camp de Saint-Germain l'Auxerrois; il ne se retira
qu'après y avoir mis le feu.

Les Normands, harassés de fatigue, convertirent le siége en blocus, et s'éparpillèrent dans
les riches cantons de la Neustrie pour y ramasser le bétail indispensable à l'alimentation de
leur bande. Les prairies de l'abbaye de Saint-Germain l'Auxerrois furent remplies de bœufs,
l'église devint une étable; mais une épizootie survenue obligea les pillards de jeter à l'eau le
plus grand nombre des animaux produit de leur maraude.

Au mois de mars, Henri, duc de Saxe, parut sous les murs de Paris avec un convoi de vivres. Il venait, à la sollicitation de l'évêque Gozlin, au secours des assiégés; mais son attaque
fut si mal concertée, qu'il ne tarda pas à reprendre la route de ses Etats pour réparer ses
pertes.

Une conférence fut arrêtée entre le roi normand Sigfried et le comte Eudes de Paris. Au
lieu du pourparler était dressée une embuscade. Le vaillant comte n'eut que le temps de franchir un fossé pour échapper au guet-apens, ce qu'il fit avec bonheur.

Les Normands en ce moment décampaient de Saint-Germain l'Auxerrois pour se fortifier
sur le territoire de Saint-Germain des Prés. Paris semblait perdu, et cependant l'heure de la
délivrance approchait contre toute prévision humaine.

Le chef ou roi normand Sigfried, dégoûté des lenteurs du siége, avait acquiescé secrètement
aux propositions de l'évêque Gozlin; il consentait à se retirer moyennant 60 livres pesant
d'argent, mais ses complices ne voulurent rien entendre.

SEPTIÈME ASSAUT. — Les Normands s'étaient saisis des îles qui avoisinaient Paris (*île Saint-
Louis, île Louviers*); ils firent le tour de la Cité, cherchant un point accessible pour enlever
la place; mais une sortie désespérée les rejeta en grand nombre dans la Seine. Deux des quatre
rois normands périrent dans cette rencontre. Sigfried, fatigué ou gagné par Gozlin, mit enfin à
exécution son projet personnel; il reprit un beau matin le chemin de la mer avec les guerriers
de sa dépendance. L'évêque Gozlin mourut peu après la retraite de Sigfried.

Des quatre rois normands qui avaient concouru au siége de Paris, il restait encore Sinric à
la tête de nombreuses troupes. Les assiégés, désolés par la peste et la famine, ne sachant
même plus où enterrer leurs morts, avaient recours aux prières publiques autant qu'à leurs
armes. Le comte de Paris, Eudes, délégua le commandement militaire à l'abbé Eble, et s'es-
quiva pour aller solliciter des secours de l'empereur-roi Charles le Gros.

Bientôt on le vit reparaître sur les hauteurs de Montmartre, à la tête d'une petite armée qui
pénétra dans la place, nonobstant les efforts des Normands.

Ces nouvelles troupes de renfort précédaient de peu le duc Henri de Saxe, revenu en force pour faire lever le siége. Le malheureux Henri, voulant reconnaître la situation des assiégés, se laissa un jour tomber dans une fosse couverte de paille et de fumier. Les Normands, qui le guettaient au piége, s'élancèrent sur lui et le percèrent de coups avant qu'il eût eu le temps de se relever.

Les Saxons, ayant perdu leur chef, abandonnèrent de nouveau les Parisiens et retournèrent dans leur pays. Le roi normand Sinric se mit en devoir de les poursuivre. A cet effet, il équipa une grande barque, qui fut coulée à fond ; tous ceux qui la montaient périrent.

HUITIÈME ASSAUT. — Privés du secours que leur avait envoyé l'empereur-roi Charles le Gros, les Parisiens touchaient à leur perte définitive. Les barbares menaçaient d'entrer par la pointe orientale de l'île lorsqu'on eut l'idée d'y apporter les reliques de sainte Geneviève. La châsse de la sainte passait au moyen âge pour le palladium de Paris. A cette vue, un enthousiasme surnaturel exalte les Parisiens. Un chevalier, nommé Gerbola, s'élance, suivi de cinq hommes seulement, et renverse l'ennemi hors de l'enceinte. D'autre part, la châsse de saint Germain, promenée au plus fort de la mêlée du côté du Grand-Pont, rendait aux Parisiens la confiance qu'ils n'avaient plus en leur propre force, et les Normands, étonnés, culbutés, se retirent loin des remparts dont ils se croyaient déjà maîtres.

Enfin, au mois d'octobre, l'empereur-roi Charles le Gros daigne venir en personne à la tête d'un puissant corps d'armée au secours de Paris. Une avant-garde de 600 hommes, commandée par les frères Thierry et Aledramme, est attaquée par les Normands; les Francs chargent à leur tour, et de la Seine à Montmartre on compta 3,000 cadavres des assiégeants. Quelques Normands s'étaient réfugiés dans une église, ils furent égorgés sans respect du droit d'asile.

Malgré des renforts nouvellement amenés par Sigfried aux Normands, les rôles se trouvaient désormais intervertis, et les Parisiens ranimés pouvaient compter sur la victoire, lorsqu'une transaction honteuse mit un terme temporaire aux hostilités : sur la promesse de toucher 700 livres pesant d'argent au mois de mars suivant, les Normands consentirent à se replier sur la Bourgogne ; ils transportèrent leurs bateaux par terre, faute de pouvoir passer sous les ponts de la ville, dont l'abord leur était interdit.

L'empereur-roi Charles le Gros était tombé dans un tel mépris à la suite de cet événement, que sa déchéance fut prononcée. Il alla mourir en Souabe. Les Français, dans un plaid national, élurent pour roi Eudes, comte de Paris, fils de Robert le Fort, le seul homme réputé capable d'expulser les pirates du Nord de l'Ile-de-France.

Au mois de mars 887, les Normands revinrent à Paris, conformément au traité conclu avec Charles le Gros. Après avoir touché l'argent qui leur était promis et dû, ils feignirent de s'éloigner; mais, au lieu de reprendre le chemin de la mer, ils remontèrent dans leurs barques au dessus de Paris, et firent de nouveaux ravages à l'intérieur de la contrée.

Bientôt on les vit reparaître, amorcés par l'espoir d'une nouvelle transaction pécuniaire ; mais le comte Eudes, devenu roi des Français, n'était plus d'humeur à souscrire à des conditions infamantes. Il fit appel aux armes dans l'Aquitaine et dans la Bourgogne; secondé par le vaillant abbé Eble et par le nouvel évêque de Paris, Anschrie, digne successeur du belliqueux Gozlin, il fit tête à l'orage en homme aguerri.

Un jour, étant à table, il apprit que les Normands pénétraient dans la ville ; il se leva, donna la chasse aux assiégeants, et vint tranquillement achever son repas.

L'évêque Anschrie, dans une sortie, extermina 600 de ces barbares insatiables ; mais ce fut à Montmartre, le jour de la Saint-Jean, que le roi Eudes porta le dernier coup à la horde des brigands du Nord. Il se trouvait à la tête d'un petit corps de 4,000 hommes, lorsqu'il eut avis de l'approche d'une bande assiégeante; il saisit son bouclier, fit sa prière et gravit la montagne pour juger des forces de l'ennemi. Les Normands avançaient lentement. Eudes sonne du cor, et à ce signal ses hommes d'armes se précipitent comme des lions. Au fort du combat, un Normand déchargea un coup de hache sur la tête du roi ; Eudes le tua de sa propre main, et, pourchassant à travers les bois l'ennemi épouvanté, il demeura définitivement vainqueur. Les Normands s'enfuirent après une perte de 19,000 hommes, tant tués que blessés ou prisonniers. Ce fut le dernier épisode d'un siège qui avait duré plus de deux ans.

II

Dans l'automne de l'année 889, les Normands investirent pour la deuxième fois la cité de Paris. Ils venaient de Sens et demandaient seulement le libre passage par la Seine, qui leur fut refusé. Ils commencèrent le siége ; mais le roi Eudes ayant consenti à leur donner quelque secours, ils se dispersèrent de nouveau.

III

Les Normands, en s'éloignant de Paris, ne se souciaient point de retourner à leur point de départ ; en 890, ils reparurent à l'embouchure de la Marne, et firent un nouveau siége sans plus de succès. Ils demandaient encore la permission de traverser la ville dans leurs bateaux, ayant le projet, disaient-ils, de se porter sur la Bretagne.

Cette permission leur ayant été de nouveau refusée, ils agirent comme en 886, et transportèrent leurs barques, par voie de terre, jusqu'en aval de Paris, où on les laissa se rembarquer. Les Parisiens en étaient enfin à tout jamais débarrassés.

Siége de Paris par Othon II.

Ce fut encore un comte de Paris (devenu roi de France), *Hugues Capet*, qui sut défendre, comme son oncle, Paris contre les Allemands, en 979. L'avant-dernier des Carlovingiens, Lothaire, avait ravagé la Lotharingie (Lorraine) et une partie de l'Allemagne ; il avait livré au pillage la ville d'Aix-la-Chapelle.

Par représailles, l'empereur Othon II se mit à la tête de 60,000 hommes, et porta à son tour la désolation dans toute la Champagne, ruina les environs de Reims, de Laon, de Soissons, et s'avança jusqu'à Paris, dont il brûla un des faubourgs, n'épargnant que les églises ; il fit chanter un *Te Deum* sur la montagne de Montmartre.

Un neveu de l'empereur d'Allemagne, qui l'accompagnait, s'était vanté d'insulter la porte de Paris et d'y enfoncer sa lance, ce qu'il exécuta à la lueur d'un incendie ; mais les Parisiens ayant à ce moment fait une sortie, il fut tué avec les gens de sa suite.

L'empereur Othon II demeura trois jours devant Paris ; mais ayant appris que le roi Lothaire, le duc de Bourgogne et Geoffroy Grise-Gonelle (*Casaque grise*) venaient au secours de Hugues Capet, il s'empressa de décamper du côté de Soissons. Son arrière-garde fut atteinte et décimée au passage de l'Aisne ; la poursuite se prolongea pendant trois jours et trois nuits jusqu'à la forêt des Ardennes.

Siége de Paris par Charles VII.

On croit communément que les Anglais sont entrés de vive force dans Paris au xve siècle. L'erreur doit être réfutée pour l'intelligence des faits qui suivent.

Philippe le Bon, fils de Jean Sans-Peur, duc de Bourgogne, décidé à venger son père assassiné par le duc d'Orléans, fit alliance avec les Anglais, et détermina Charles VI *l'Imbécile*, de triste mémoire, à donner sa fille, Catherine de France, en mariage à Henri V, roi d'Angleterre.

Par un traité ratifié à Troyes, Henri d'Angleterre fut déclaré régent et héritier de la couronne de France à l'exclusion du dauphin, fils de Charles VI (depuis Charles VII).

Ce traité, transmis à Paris, y fut lu et enregistré en séance solennelle du parlement le 30 mai 1420.

Dès lors il y eut en France deux partis, l'un composé de Bourguignons et d'Anglais, l'autre de Français attachés à la loi salique et partisans du dauphin déshérité.

Les Anglais, installés dans Paris en vertu du traité de Troyes, y firent un séjour de seize ans, non par droit de conquête, mais par amiable composition prise en patience.

Le pauvre roi Charles VI de France, devenu complètement fou, était confié à la garde du duc de Bedford, oncle du roi d'Angleterre, et surveillé de très-près dans Paris.

Le dauphin expatrié revendiquait ses droits les armes à la main et faisait des conquêtes sur la Loire. Henri V d'Angleterre se mit en campagne pour le combattre, mais il tomba malade à Vincennes et mourut en 1422.

Deux mois plus tard, Charles VI *l'Imbécile* mourut à son tour.

Le dauphin Charles, rejeté au delà de la Loire, à la nouvelle de la mort de son père, prit le titre de *roi de France ;* les Anglais l'appelaient ROI DE BOURGES, parce qu'il ne possédait guère d'autre refuge que cette ville.

Ici commence la romantique histoire de Jeanne d'Arc, *la Pucelle d'Orléans*. Il ne restait aux Anglais qu'une position à enlever pour installer en France une dynastie anglaise. Tout à coup une vierge inspirée arrive du fond des Vosges, et promet à Charles VII, à lui et à ses derniers fidèles la délivrance d'Orléans.

On la croit, on la suit. Orléans est délivré. Elle conduit ensuite le roi à Reims au travers des Anglais, le fait sacrer, et les Français ressuscitent. Dunois, La Hire, Xaintrailles, cinquante autres preux chevaliers, secondent Jeanne d'Arc et font exécuter ses ordres.

Au retour de Reims, Charles VII reçut sous son obéissance Laon, Soissons, Compiègne, et, entre autres villes, Saint-Denis, qui lui ouvrit ses portes sans résistance.

Il s'agissait alors de surprendre Paris, dont le régent anglais, Bedford, s'était éloigné pour aller dans le duché de Normandie, alors au pouvoir du nouveau roi Henri VI d'Angleterre.

La ville était défendue par 2,000 Anglais sous les ordres de Jean Ratheley et du prévôt Simon Morhier, Parisien.

Après des escarmouches de minime importance, l'attaque fut résolue par les ducs d'Alençon et de Bourbon. L'assaut eut lieu sur le point aujourd'hui connu sous le nom de *Marché aux Pourceaux*, entre les portes de Saint-Honoré et de Saint-Denis. Le 8 septembre 1429, on combattit depuis onze heures du matin jusqu'à quatre heures du soir; il y eut beaucoup de blessés et peu de tués de part et d'autre, mais Jeanne d'Arc, l'héroïne des temps modernes, faillit y périr. Elle avait insisté pour l'assaut: croyant les fossés moins profonds, elle sondait avec sa lance la hauteur de l'eau, lorsqu'elle fut atteinte d'un carreau d'arbalète à la cuisse, ce qui ne l'empêcha pas de commander jusqu'à la fin du jour. Sur le soir seulement, le duc d'Alençon put la faire transporter au quartier général des Français, établi à la Chapelle, et de là à Saint-Denis.

Cette blessure, qui semble marquer le déclin de la fortune militaire de Jeanne d'Arc, l'atteignit non loin de la rue qui porte aujourd'hui le nom *des Moulins*, dans le quartier Saint-Honoré.

Jeanne d'Arc disait elle-même que sa mission était finie; il ne restait plus de l'héroïne de Vaucouleurs qu'une pauvre bergère succombant sous l'armure, au lieu de cet être surnaturel que les Anglais prenaient pour une sorcière, et qu'ils ont brûlé comme telle.

Quatre jours après cette tentative avortée sur Paris, le duc régent d'Angleterre, Bedford, revint, et s'empara de Saint-Denis, dont les habitants payèrent une grosse amende pour avoir donné entrée aux Français sans combat.

A l'intérieur de Paris, les bourgeois formaient deux camps : les uns aspiraient à secouer le joug des Anglais, les autres préféraient se maintenir sous leur autorité. Une conspiration découverte amena des rigueurs de justice sanglante.

La présence de Henri VI devenait indispensable pour contrebalancer l'influence toujours croissante de Charles VII *le Victorieux*.

Henri VI d'Angleterre quitta Rouen, capitale de la Normandie, à la fin de novembre 1431, et fit son entrée solennelle le 2 décembre dans Paris, où il se fit sacrer *roi de France* à Notre-Dame.

La principale force de l'occupation anglaise résidait dans l'alliance de Henri VI avec Philippe de Bourgogne. Charles VII parvint à la briser en faisant des concessions au duc, son plus redoutable ennemi.

Après la réconciliation des princes français, le parti anglais dans Paris commença à décliner de jour en jour. Corbeil, Lagny, Pontoise, Meulan, Poissy et Saint-Denis, tombés aux mains triomphantes du roi Charles, étaient les premiers jalons d'un blocus de famine dont la population parisienne s'épouvantait. Willeby, le capitaine anglais, gouverneur de Paris pour Henri VI, exerçait à l'intérieur une police rigoureuse. Nul habitant ne pouvait sortir de la ville sans passeport. La garnison se composait de 1,500 Anglais et de soldats français dévoués au parti d'Angleterre, qui n'était pas le plus nombreux, mais le plus opiniâtre.

Les chefs influents de ce parti anti-national étaient Cauchon, évêque de Beauvais; l'évêque de Thérouenne, chancelier; Morhier, prévôt de Paris; Jean de Sainct-Yon, syndic des bouchers de la grande boucherie, grenetier de Paris; Jacques de Raye, épicier : tous gens qui se ralliaient au cri de *Saint Georges! Mort aux traîtres français!*

Cependant la majorité des bourgeois avait déjà traité secrètement avec Charles VII, et les capitaines des quartiers étaient dans les intérêts du roi de France. Les conspirateurs n'avaient exigé d'autre garantie que la promesse d'une abolition ou amnistie générale qu'on se garda bien de refuser.

Une révolution devenait imminente : la domination étrangère pesait aux Parisiens. A la nouvelle de la prise de Charenton, le monde officiel du gouvernement anglo-français fut convoqué au palais en assemblée extraordinaire. Il y fut arrêté que le roi d'Angleterre et le duc de Bourgogne seraient priés d'aviser en toute hâte. Une commission de salut public fut établie en permanence à l'hôtel de ville de Paris.

Le chancelier de France pour les Anglais, arrivé sur ces entrefaites à Paris, ordonna que le traité de Troyes y serait juré de nouveau. Ce traité, comme on sait, n'est autre que celui par lequel Charles VI dépossédait son fils au profit du mari de sa fille, contrairement aux lois organiques de la monarchie française. Il était permis aux dissidents qui refuseraient le serment de sortir de Paris avec leurs familles.

Personne n'osait alors se montrer sans arborer la croix rouge en signe d'adhésion. Le serment fut exigé et obtenu des évêques de Paris, de Lisieux, de Meaux, de tous les chefs de communautés religieuses, des magistrats, des échevins, des simples prêtres, etc. Parmi les bourgeois qui jurèrent fidélité au roi d'Angleterre, il s'en trouva plusieurs qui négociaient déjà avec le comte de Richemont, connétable de France, et qui convinrent avec lui des moyens de l'introduire dans Paris, à la condition réitérée d'une amnistie générale et du maintien de leurs priviléges municipaux.

Le 15 avril 1346, le connétable et le comte de Dunois se glissèrent de grand matin, à la tête d'une armée, derrière les Chartreux ; ils eurent avis secret de se reporter du côté de Saint-Jacques, et quand le connétable en personne eut de nouveau assuré les habitants d'une amnistie générale, on lui ouvrit une poterne par où s'introduisirent les soldats de Charles VII.

Au même instant les portes furent brisées à l'intérieur, les ponts-levis abattus, et 2,000 Français pénétrant dans Paris, le maréchal de l'Ile-Adam planta sur la muraille le drapeau de France en criant : *Ville gagnée !*

La colonne des cavaliers envahisseurs descendit par la rue Saint-Jacques jusqu'à la Grève, puis aux Halles, et vint prendre position devant la cathédrale, où le connétable entendit la messe armé de pied en cap.

Le peuple, d'intelligence avec les meneurs, s'attroupait de tous côtés, muni de la croix blanche, insigne des royalistes français, pendant que les chefs du parti anglais, éperdus, se dispersaient aux quatre coins de la ville pour rallier leurs forces. Les canons du rempart de la porte Saint-Denis furent pointés sur Willeby et forcèrent les Anglais à se retirer dans la rue Saint-Antoine. Les chaînes furent tendues, des barricades dressées ; de toute part l'insurrection se manifesta par des actes violents : les bourgeois jetaient leurs meubles du haut des fenêtres sur la tête des Anglais.

Willeby s'aperçut bientôt qu'il ne pouvait plus tenir, et se réfugia dans la Bastille avec Morhier, Sainct-Yon, de Raye, et l'évêque de Thérouenne, chancelier.

Le connétable, parfaitement maître de la place, disposa partout ses corps de garde, fit défense de molester les habitants, et dès le lendemain donna l'ordre d'ouvrir le vieux marché de la Madeleine, qui était fermé depuis vingt ans. Le blé, qui se vendait 50 sous la veille, y fut donné pour 20. La confiance renaissait comme par enchantement. Le même jour furent publiées à Notre-Dame et dans tous les carrefours de la ville les lettres d'amnistie stipulées par les Parisiens. Les administrateurs de la commune étant destitués, il ne restait plus qu'à expulser les 1,200 hommes confinés dans la Bastille. Au moment où les Français se mettaient en devoir de commencer le siège, les Anglais demandèrent à capituler ; ils livrèrent le château au seigneur de Ternant, et se retirèrent avec armes et bagages sur Rouen, chargés des imprécations du peuple de Paris trop longtemps opprimé.

Il y avait encore à Creil-sur-Oise, à Saint-Denis, à Charenton, à Saint-Germain en Laye, quelques partisans des Anglais ; on s'en débarrassa de gré ou de force. Charles VII fit sa rentrée à Paris le 12 novembre 1437, après vingt-neuf ans d'absence.

En 1441, les Anglais, encore maîtres de Mantes, firent une tentative sur Paris au nombre de 7 à 800 hommes, tant de pied que de cheval. Le connétable, connaissant leur présence à la porte de Saint-Jacques, envoya au pont de Saint-Cloud un détachement qui passa la Seine et vint surprendre les assaillants. Ils furent tous tués ou ramenés prisonniers dans Paris avec tout le bétail dont ils avaient dépouillé les environs.

Siége de Paris par Henri III.

Il ne sera peut-être pas inutile de caractériser ici *la Ligue* en quelques lignes. Ce ne fut pas une vulgaire conspiration contre Henri III, mais une étroite alliance entre deux principes incompatibles en apparence, la *théocratie* et la *démocratie*.

Pour parler le langage de nos jours, les ultramontains faisaient litière de la royauté au profit du Pape, et les démocrates plus ou moins avoués, sans avoir conscience de leurs actes, se dévouaient à la Papauté pour avoir raison du roi dont ils voulaient se débarrasser.

La Ligue a été au moins aussi fatale à l'idée monarchique au xvie siècle que la révolution de 1789 le fut au xviiie ; elle a pris tout d'un coup dans la France entière des proportions qui excèdent celles du complot le mieux organisé.

Il y avait, sous Henri III, le parti des ligueurs, celui des royalistes composé de huguenots et de catholiques, celui des politiques ou indifférents, qui se souciaient moins de la religion que de leurs intérêts particuliers et se vendaient au plus offrant.

Bien que la Ligue fût l'expression du sentiment complexe dominant dans les classes superposées de la société française, elle devint un moyen d'usurpation préméditée entre les mains des Guises. Ce caractère particulier est celui qui domine le sujet de notre opuscule, parce qu'il a trait directement aux siéges de Paris par Henri III et son successeur Henri IV.

Le lendemain de la fameuse journée des Barricades, le 13 mai 1588, Henri III connut à n'en plus douter l'urgente nécessité de s'évader de Paris. Les moines et les étudiants avaient résolu de l'enlever ; le duc de Guise, à la tête de 1,200 hommes, se disposait d'autre part à le faire prisonnier. Henri III, feignant de se promener aux Tuileries une canne à la main, sortit par la porte de la Conférence, monta à cheval sans équipage, et s'enfuit à Rambouillet, d'où il se rendit à Chartres.

En quittant Paris, il jura de n'y rentrer que par la brèche.

Le duc de Guise, parvenu à ses fins, protesta de son dévouement au roi ; d'un geste il fit enlever les barricades, mais en même temps il s'empara des deux Châtelets, du Temple, de l'Arsenal, de la Bastille et de Vincennes.

Les cours de justice dépêchèrent au roi une protestation contre la journée des Barricades, et Guise négocia avec la reine-mère Catherine de Médicis un traité singulier, par lequel Henri III, le plus dévot, pour ne pas dire le plus bigot de tous les rois de France, était tenu de *jurer* l'extermination de l'hérésie luthérienne et calviniste. Le roi voulut bien signer le traité et accorder une amnistie, mais il refusa de rentrer à Paris. Usant de ruse à son tour, il institua le duc de Guise généralissime de ses armées, et reconnut pour héritier présomptif du trône le vieux cardinal de Bourbon.

Les États généraux de France étaient convoqués à Blois ; le duc de Guise osa y paraître. Henri III le condamna secrètement à mort, et le fit exécuter à coups d'épée dans une chambre du château. Le cardinal de Guise eut peu après le même sort. Ces deux actes de justice plus qu'irrégulière contre deux conspirateurs avérés furent qualifiés d'assassinats malgré les mémoires justificatifs de Henri III, qui prétendait avoir agi en cas de légitime défense. Les *Seize* appelèrent aux armes la population de Paris, et firent occuper les maisons des royalistes et des politiques en les mettant à contribution forcée.

La fureur populaire fut surexcitée par des prédicateurs enragés. Le roi fut déclaré déchu pour avoir violé la foi publique dans l'assemblée des États, et soixante docteurs de la Sorbonne donnèrent leur approbation à ce verdict populaire le 7 janvier 1589.

A dater de ce jour, les émissaires de Henri III ne furent reçus dans Paris qu'au péril de leur vie ; on les renvoyait honteusement à qui les avait envoyés.

Les *Seize* sévissaient dans la ville avec une rigueur tyrannique. Mayenne eut grand'peine à modérer leurs excès ; il se fit proclamer, le 13 mars, *lieutenant général de l'état royal et couronne de France*.

D'autre part, Henri III déclarait rebelles les villes de Paris, Orléans, Amiens, Abbeville, qui tenaient pour la Ligue.

Mayenne et le duc d'Aumale, après avoir fait jurer *la Sainte Union* dans toutes les places à dix lieues à la ronde de Paris, ouvrirent la campagne militaire contre le roi, réfugié à Tours.

L'entreprise avorta ; le duc d'Aumale, repoussé et blessé, revint à Saint-Denis faire panser ses blessures.

Les royalistes victorieux donnèrent la chasse aux ligueurs, et parvinrent à ravitailler le château de Vincennes, d'où ils saluèrent Paris de plusieurs volées de canon. Cette première démonstration de siége mit les Parisiens en grand émoi. Les prédicateurs furent chargés de raffermir l'esprit chancelant des bourgeois. On fit de grands efforts pour mettre la ville en état de défense.

Henri III était assisté de Henri, roi de Navarre, qui depuis a régné sous le nom de Henri IV. Inspiré, encouragé par ce vaillant auxiliaire, il tenait plus que jamais à rentrer dans Paris par la brèche; son armée se recrutait au passage de tous les royalistes disséminés, et quand il vint à Saint-Cloud, pendant que le roi de Navarre occupait Meudon, il se trouvait à la tête de 30,000 hommes.

Mayenne de son côté répartissait les troupes disponibles de la Ligue sur les points menacés, et se réservait la garde des faubourgs Saint-Denis et Saint-Honoré.

Les Parisiens, fort peu rassurés en présence d'une armée commandée par deux rois, firent emprisonner 300 des plus notables bourgeois appartenant au parti des huguenots ou des politiques.

L'entrée du roi, prévue de tout le monde, était annoncée pour le 31 juillet; la terreur était à son comble, lorsqu'on apprit qu'un moine dominicain, Jacques Clément, avait assassiné Henri III. La mort d'un roi était une peccadille pour les ligueurs, mais la question dynastique avait une tout autre importance. Le duc de Mayenne n'osa pas encore usurper la dignité royale, il se contenta d'en retenir l'autorité.

Siége de Paris par Henri IV.

Si les ligueurs ne pouvaient s'accommoder d'un catholique fervent, tel que Henri III, il devenait bien difficile de leur faire accepter le chef bien avéré du protestantisme en France, Henri de Navarre.

Cependant l'armée royale, dévouée au principe de la légitimité monarchique, avait sans hésitation proclamé Henri IV roi de France.

Sans argent, sans vivres pour ses troupes, le nouveau roi, sous le prétexte d'escorter la dépouille mortelle de son prédécesseur, se replia sur Compiègne, où il laissa le corps de Henri III en dépôt dans l'abbaye de Saint-Corneille.

Le Béarnais, comme on l'appelait alors, ne disposait guère que de 7,000 hommes. Les fauteurs de la Ligue à l'étranger, le duc de Lorraine et le roi d'Espagne, firent parvenir au duc de Mayenne des secours effectifs de telle importance, que les curieux louaient des fenêtres dans la rue Saint-Antoine pour voir passer Henri de Navarre prisonnier.

Déjà on le croyait mort ou fugitif, lorsque les Parisiens apprirent, à leur grande stupéfaction, que *le Béarnais*, après avoir remporté une victoire signalée près de Dieppe, le 21 septembre, à Arques, marchait résolument sur Paris.

Le 31 octobre, Henri IV couchait à Bagneux, à une lieue de Paris, et commandait pour le lendemain une attaque sur trois points. L'armée royale occupait Montrouge, Gentilly, Issy et Vaugirard.

Les faubourgs Saint-Marceau et Saint-Victor devaient être envahis par les deux Biron à la tête d'un renfort de 4,000 Anglais envoyé par la reine Élisabeth, de deux régiments français et d'un régiment suisse.

Quatre autres régiments, deux de Suisses, sous les ordres du maréchal d'Aumont, étaient chargés d'attaquer les faubourgs Saint-Jacques et Saint-Michel.

Les portes de Saint-Germain, de Bussy et de Nesle étaient l'objectif du troisième corps, commandé par La Noue et Châtillon (Coligny), composé de régiments français, allemands et suisses.

L'ensemble de ces forces était complété par un nombre considérable de gentilshommes à pied et à cheval, appuyés de quatre pièces de canon.

Le jour de Toussaint, après une prière au Pré-aux-Clercs à dix heures du matin, à la faveur d'un brouillard épais, les trois attaques simultanées eurent lieu par surprise avec un succès complet. Les assiégés perdirent 7 à 800 hommes, 14 enseignes et 13 petits canons. Si la faible artillerie de Henri IV eût été en ligne, Paris eût été enlevé. La troisième brigade du siège, commandée par Châtillon et presque entièrement composée de protestants, refusait quartier aux Parisiens en criant : *Saint Barthélemy !* C'était la revanche des Coligny contre les boucheries de 1572.

Le roi coucha sur la paille fraîche dans une maison du faubourg Saint-Jacques; il dormit environ trois heures, et envoya sommer les religieux de Saint-Germain des Fossés de se rendre.

Les moines étaient à l'office ; la garde du couvent était de 150 arquebusiers seulement : toute résistance devenait absurde et inutile. Vers minuit, une deuxième sommation fut faite aux religieux réunis à matines. Le capitaine commandant du poste capitula ; il obtint de sortir avec épée et poignard. La garnison du couvent fut renouvelée par 12 soldats royaux qui rejoignirent l'armée après avoir dévoré dans le monastère tout ce qui s'y trouvait de vivres. Henri IV fit le tour du cloître sans entrer dans l'église (il était alors protestant), et monta au sommet du clocher pour examiner l'état de la ville de Paris.

Le résultat de ses observations fut tel, qu'après être demeuré longtemps en bataille en vue des troupes du duc de Mayenne, il sortit du faubourg et remit le siége de Paris à une autre saison.

Les compétiteurs de la couronne de France étaient alors nombreux, et le duc de Mayenne, devinant que sa candidature ne saurait prévaloir, s'attacha dès lors à détruire celle de ses concurrents. Il ne trouva rien de mieux que de proclamer, le 21 novembre, le vieux cardinal de Bourbon, alors détenu par Henri IV à Fontenay-le-Comte en Poitou. Sous l'autorité de ce roi purement nominal, le duc de Mayenne se fit confirmer dans sa qualité de lieutenant général du royaume en vacance, et prononça la dissolution du grand conseil de la Ligue à Paris.

Devenu maître absolu des hommes et des choses, Mayenne tourna ses vues contre le roi de Navarre, le seul adversaire sérieux qui lui fût opposé. Il reprit donc Vincennes et Pontoise ; Meulan eût eu le même sort si le roi Henri ne fût arrivé au secours de la place.

Le 14 mars 1590, la Ligue reçut, dans les plaines d'Ivry, un coup mortel dont elle ne put jamais se relever. Mayenne n'eut que le temps de se réfugier à Saint-Denis, sans oser reparaître à Paris. Des négociations fallacieuses furent entamées ; mais Henri, persuadé que l'ennemi ne cherchait qu'à gagner du temps, se disposa à recommencer le siége de Paris. Il occupait les postes principaux de la Seine inférieure ; en se saisissant de Corbeil, de Lagny et de Montereau, il compléta le blocus de la ville et la priva de communications avec les provinces qui l'alimentaient.

Le duc de Nemours, gouverneur de Paris pour Mayenne, opposait au roi autant de ténacité que Henri possédait de persévérance ; il fit relever les murs et disposa ses corps de défense avec une grande connaissance des points forts et faibles de la place. Il y avait alors dans Paris 8,000 soldats étrangers et 50,000 bourgeois bien armés, capables de bon service. L'armée royale se trouvait réduite à 14,000 hommes d'infanterie et 2,500 chevaux.

Ce nombre de troupes, insuffisant pour un siége, permettait cependant la réduction de Paris par la famine. Il y avait environ 120,000 habitants à nourrir, et la tâche n'était pas facile ; car Henri IV, après avoir fait pendre les défenseurs des forts de Charenton et de Saint-Maur, jeta un pont vis-à-vis de Conflans, et, menaçant les villages d'Issy et de Vaugirard, priva complètement Paris des derniers moyens de se ravitailler.

A dater du 8 mai, il y eut quelques démonstrations comminatoires contre la ville : du haut des buttes de Montmartre et de Montfaucon, on fit jouer quelques pièces de canon ; des escarmouches nombreuses, de résultat négatif, servaient à entretenir le zèle des bourgeois assiégés. Cependant les royalistes, à l'intérieur, ne laissaient pas de s'agiter ; Mayenne fit expulser leur chef de Vigny, beau-frère du président Brisson. Peine de mort fut édictée contre quiconque parlerait d'accommodement avec le roi de Navarre.

Quinze jours environ après la clôture définitive de la ville, les pauvres artisans commencèrent à crier famine. Il fut ordonné que tous les détenteurs de blé seraient tenus de le faire porter au marché public, à peine de confiscation. L'abondance relative se rétablit pendant trois semaines environ chez les boulangers.

La bourgeoisie souffrait au moins autant que la population ouvrière ; ruinée par les surtaxes, elle demandait allégeance. Il fut décidé en grand conseil que les vases sacrés, les joyaux de l'ancienne couronne, le trésor de Saint-Denis seraient sacrifiés aux nécessités du temps. Le légat et l'ambassadeur d'Espagne, les deux fauteurs de la Ligue, vendirent leur vaisselle d'argent et leurs meubles les plus précieux afin de pourvoir à la subsistance des pauvres.

Le siége se maintenait rigoureux ; en moins de douze jours, 10,000 habitants moururent pour s'être nourris d'herbes et de racines. Les magistrats de police prirent la résolution d'expulser de Paris les bouches inutiles. A la nouvelle que le roi de Navarre refusait de les laisser sortir, tous ces malheureux affamés poussèrent des hurlements qui se firent entendre jusqu'au centre de la ville.

Un recensement général des ressources alimentaires de Paris eut lieu par ordre du duc de Nemours ; le taux des aumônes en nature fut rationné. Tous les chiens et chats trouvés dans les maisons des pauvres furent requis d'office ; on faisait cuire leur chair dans de grands chaudrons avec des herbes et des racines, puis on distribuait ce ragoût *à la portion*, c'est-àdire un petit morceau de chien ou de chat avec une once de pain par jour à chacun.

Cet affreux régime ne pouvait durer longtemps. Il n'y avait plus d'herbes ni de racines à consommer. La mortalité redoubla ; on ne savait où ni comment enterrer les morts. Plusieurs se précipitèrent du haut des murs.

Quelques uns parvinrent jusqu'au roi de Navarre, qui en eut pitié, et permit de laisser émigrer dans son camp 5 ou 6,000 affamés parisiens.

Le 16 août commença dans Paris la fabrication du pain appelé PAIN DE MADEMOISELLE DE MONTPENSIER, fabriqué avec de la farine d'os de morts ; tous ceux qui en mangèrent périrent. Ému de compassion tardive, Henri IV envoya, le 20 août, des laissez-passer pour les femmes, les filles, les enfants, les écoliers décidés à sortir de la ville, sans acception de personnes ni de partis.

Quand le peuple vit émigrer les plus forcenés prédicateurs de la Ligue, qui se rendaient auprès du roi à Saint-Denis sous prétexte de controverse religieuse, il commença sérieusement à s'inquiéter. Bientôt on sut que Henri IV les avait mandés pour conférer sur quelques points douteux du dogme catholique. Enfin, le 25 juillet, l'abjuration du roi fut publiée malgré les défenses du duc de Mayenne ; les Parisiens purent sortir de Paris pour aller à Saint-Denis assister à ce spectacle solennel et tout à fait nouveau pour eux.

Le premier résultat de ce grand acte politique fut une trève entre les ligueurs et les royalistes conclue à la Villette le 31 juillet 1593.

Les *Seize* de la Ligue profitèrent de l'intervalle pour faire échouer les tentatives de paix, sans négliger l'assassinat contre celui qu'ils appelaient toujours *le Béarnais*. Mayenne, jaloux de son pouvoir personnel, balançait les deux partis et les maîtrisait l'un par l'autre.

Les hostilités recommencèrent le 1ᵉʳ janvier 1594. Le cercle tracé autour de Paris avait un rayon de quinze lieues. Peu après on apprit que le roi de Navarre avait été sacré roi de France à Chartres le dimanche 27 ; les *Seize* prirent peur et Mayenne la fuite, laissant Paris au commandement de M. de Cossé-Brissac, qui tomba d'accord avec le prévôt des marchands Lhuillier pour introduire Henri dans Paris le 22 mars suivant.

Il demeure acquis à l'histoire que la capitale de France ne fut pas *rendue*, mais VENDUE par ces deux personnages, au témoignage du roi lui-même, qui disait en savoir le prix.

Les conspirateurs, ceints de l'écharpe blanche, étaient prévenus de se tenir en armes entre trois ou quatre heures du matin aux portes de la Conférence et Saint-Honoré. L'échevin Langlois était posté à la porte Saint-Denis, Jean Grossier avec une compagnie de bourgeois et de bateliers au quartier Saint-Paul. Les garnisons de Melun et de Corbeil avaient envoyé des détachements de soldats par la Seine. La chaîne qui fermait le fleuve devant l'Arsenal fut abaissée, et à quatre heures tout était près pour une surprise qui ne coûta guère que la perte de 25 ou 30 lansquenets composant le corps de garde de Saint-Germain l'Auxerrois.

Les capitaines des quartiers prêtaient la main à la défection, et le roi entra sans se hâter, à la tête de sa noblesse par la porte de la Conférence, suivi d'un corps de 600 hommes.

Cossé-Brissac vint offrir au roi une écharpe d'honneur et recevoir de lui le titre de maréchal. Lhuillier, en échange des clefs de Paris, eut plus tard sa récompense de tout autre nature.

Henri IV tourna par la rue Saint-Honoré, et vint jusqu'à Notre-Dame, pressé par la foule des curieux et acclamé par ses nombreux partisans. Il n'y avait dans la cathédrale ni archevêque, ni doyen, ni chantre pour le recevoir ; le haut clergé avait pris la fuite ; restait le sous-chantre avec de simples prêtres. Le roi entendit la messe, remonta à cheval et s'en fut loger au Louvre.

Ainsi finit le blocus de Paris, de ce Paris qui valait bien une messe, comme le disait Henri IV.

Paris assiégé par les alliés.

En 1814, Paris était une ville ouverte. Au mois de décembre 1812, le comte Mollien, prévoyant l'invasion prochaine, avait envoyé à Napoléon Iᵉʳ un projet de décret pour l'organisation d'un ministère sur la Loire, dans le cas éventuel où le gouvernement serait obligé d'évacuer Paris. Napoléon ne répondit pas. Vers le milieu de janvier, Mollien ayant renouvelé sa demande, l'empereur lui écrivit en ces termes : *Monsieur le comte, ce que vous proposez là est tout à fait inutile; quand Paris sera pris, il n'y aura plus ni empereur ni empire.*

Ces paroles peignent la situation de la France au moment où les alliés, après la cruelle journée de la Fère-Champenoise, s'avançaient sur cinq colonnes contre Paris au mois de mars 1814.

Napoléon, par une raison fort discutable, était loin de la capitale de France. La masse des habitants, bien que frémissante à l'aspect des étrangers, invoquait un défenseur sans oser se fier à elle-même. La garde nationale réduite à 12,000 hommes, dit M. Thiers, possédait environ 3,000 fusils ; le reste de la population était armé de piques tout au plus bonnes pour la police de l'intérieur.

Le conseil de régence se trouvant assemblé aux Tuileries, le ministre de la guerre Clarke, duc de Feltre, exposa que les Parisiens avaient pour unique ressource les corps fort réduits des maréchaux Mortier et Marmont, quelques troupes rentrées sous le général Compans, une garde nationale insuffisante, une masse populaire décidée à se battre, mais désarmée, quelques palissades aux portes de la ville, sans aucun ouvrage défensif sur les hauteurs ; en un mot, 25,000 hommes dénués des leçons de l'art, obligés de tenir tête à 200,000 soldats aguerris et pourvus d'un immense matériel.

Le 29 mars, l'impératrice Marie-Louise partit en pleurant avec son jeune fils le roi de Rome.

Si l'on avait osé alors confier les fusils disponibles à la garde nationale, si l'on avait donné des fusils de chasse à 50 ou 60,000 volontaires parisiens, si les bouches à feu emmagasinées dans Vincennes avaient couvert les hauteurs de Paris, si, en un mot, on eût osé couvrir la ville et ses faubourgs de barricades, la résistance serait devenue possible pendant quelques jours, et Napoléon aurait fait le reste.

Le 29, les alliés parurent devant Paris sur le plateau circulaire du nord à l'est.

Mortier fut chargé de la défense depuis le canal de l'Ourcq jusqu'à la Seine, et Marmont depuis le canal jusqu'à la Marne.

Le 30 mars, le duc de Raguse se porta sur les hauteurs de Belleville au point du jour.

À trois heures du matin, le rappel fut battu dans Paris. La foule se précipita aux barrières, réclamant des armes qu'on ne put lui donner. De nombreux ouvriers se dirigèrent vers le champ de bataille présumé, dans l'espoir de s'armer d'une manière quelconque. Là, comme ailleurs, régnait le désordre, les munitions manquaient, les boulets n'étaient pas toujours de calibre ; on trouva des cartouches pleines de sable ou de cendre.

Rajeffsky occupait les villages de Pantin et de Romainville ; pendant que les Français se laissaient amuser à reprendre ces deux localités, le gros de l'armée de Silésie concentrait ses efforts contre la butte Montmartre, où Joseph Bonaparte venait d'établir son quartier général.

Le maréchal Mortier s'était posté dans la plaine Saint-Denis avec deux divisions ; sa cavalerie occupait le bas de Montmartre.

À dix heures du matin, dit M. Thiers, si nous avions eu, indépendamment des troupes qui couvraient le pourtour de Paris, une colonne de 10,000 soldats bien aguerris pour prendre l'offensive, nous aurions pu en ce moment infliger un grave échec aux alliés ; mais, loin d'être en mesure de prendre l'offensive, nous avions à peine de quoi défendre nos positions. Tout en perdant du terrain, nous contenions cependant l'ennemi. Dans cet état de choses, le prince de Schwartzenberg attendant ses deux ailes qui étaient en retard, et nos deux maréchaux étant réduits à la défensive, on se bornait de part et d'autre à canonner, à tirailler, avec grande supériorité de notre côté, grâce au zèle des troupes et à la connaissance du terrain.

Toute résistance se trouvait réduite à une bataille livrée en plaine dans la proportion de 1 contre 10.

La garde nationale parisienne fit, comme toujours, des prouesses ; le chiffre de ses pertes en rendit témoignage.

Pendant que les réserves russe et prussienne tenaient Pantin, le corps autrichien du comte Gioulay se dirigeait sur Vincennes, et l'armée bavaroise du comte de Wrede, sur l'arrière-plan, avec le corps du baron de Sacken, se cantonnait aux environs de Meaux pour garder le passage de la Marne. Après Pantin, Belleville, Romainville, furent successivement enlevés dans la matinée. Rajeffsky faisait contourner, à force de troupes, tous les monticules occupés par les Français, et déterminait un mouvement forcé de retraite. La garde nationale fit avec succès et bravoure sa petite guerre de tirailleurs ; c'était là tout ce qu'on pouvait attendre d'elle. L'artillerie parisienne, desservie par des Polonais et des élèves de l'École polytechnique, fit payer bien cher aux alliés l'occupation des hauteurs et la prise de ses canons.

D'autre part, les élèves de l'École vétérinaire défendaient avec acharnement le pont de Charenton, qui devait être détruit, et qu'on ne put parvenir à brûler en temps utile.

Les Cosaques ayant tourné Vincennes, s'engagèrent jusqu'au faubourg Saint-Antoine ; un détachement de gendarmes leur donna la chasse.

Au nord, c'est-à-dire dans la plaine Saint-Denis, le maréchal Blücher, chargé de l'attaque du centre, avait enfin franchi la distance qui le séparait de nos positions. La division Langeron avait repoussé d'Aubervilliers et de Saint-Denis nos faibles avant-postes ; elle touchait à la lisière du bois de Boulogne. Le général York se portait sur la Chapelle ; Kleist et Woronzoff marchaient sur la Villette ; Kostler passait le canal de l'Ourcq près de la ferme du Rouvray.

Au sud de Paris, le prince royal de Wurtemberg, après avoir traversé le pont de Neuilly-sur-Marne, avançait sur deux colonnes : l'une longeait la Marne ; l'autre, traversant le bois de Vincennes, donnait assistance au comte Pahlen ainsi qu'aux troupes de Rajeffsky et de Paskiewitch, qui attaquaient Montreuil, Bagnolet, Charonne.

De la barrière du Trône à la plaine Saint-Denis, le combat se livrait avec des chances diverses. 24,000 hommes luttaient sans trop de désavantage contre 200,000.

Il faut le dire, en 1814, l'attaque et la défense furent improvisées. Les alliés, menacés par Napoléon, devaient vaincre ou périr dans les vingt-quatre heures ; la ville, sans réserves, sans barricades, ne pouvait attendre les renforts annoncés ; toute défense limitée au sort d'une bataille hors Paris entre une poignée de soldats et une armée formidable, l'ennemi n'avait qu'à franchir un mur d'octroi. Quand Langeron (*un Français*) se présenta sur la butte Montmartre abandonnée, il eut affaire à quelques pompiers ; un peu plus loin, les gardes nationaux, commandés par le maréchal Moncey, firent preuve d'un courage héroïque autant qu'inutile en défendant la barrière de Clichy sans espoir de vaincre.

Marmont, refoulé dans Paris, apprenant la fuite de Joseph, frère de Napoléon, fit demander une trève de deux heures.

Cette suspension d'armes n'était que le préliminaire d'une capitulation portant que les troupes de ligne évacueraient Paris avant le 31 mars. Le 31, à sept heures du matin, les troupes alliées firent leur entrée ; à dix heures, l'empereur de Russie et le roi de Prusse pénétraient dans la ville, stupéfaite du nombre de ses envahisseurs. Dans la journée du 30, l'ennemi avait perdu 15,000 hommes et les Parisiens 3,000.

Telle était, dit M. Thiers, la fin de vingt-deux ans de triomphes inouïs, qui, ayant eu successivement pour théâtre Milan, Venise, Rome, Naples, le Caire, Madrid, Lisbonne, Vienne, Dresde, Berlin, Varsovie, Moscou, venaient se terminer d'une manière si lugubre sous les murs de Paris.

Note de l'éditeur. — La seconde livraison, qui sera mise en vente à la fin de la guerre, contiendra exclusivement le siége de Paris par Guillaume, roi de Prusse. Cette livraison aura la même importance que celle-ci et sera vendue le même prix.

Lyon. — Impr. de Félix Girard, rue St-Dominique, 15.

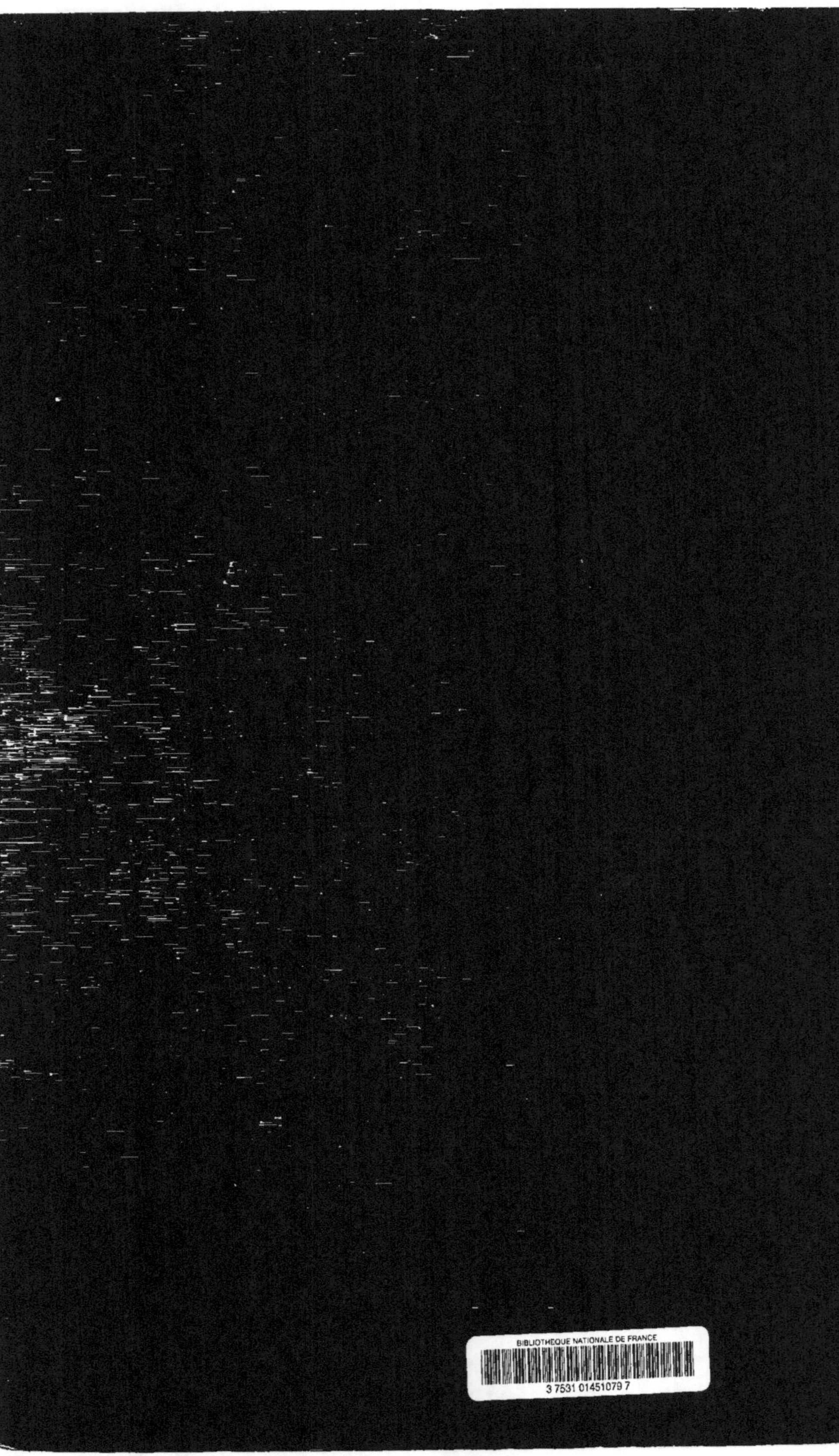